# Berthe Morisot

## Pionnière Impressionniste Qui a Redéfini le Paysage Artistique du XIXe Siècle

Par

Charlotte Jane Fontaine

# Table des matières :


INTRODUCTION

Chapitre 1 : Jeunesse et Formation

Chapitre 2 : Impressionnisme : Contexte et Caractéristiques

Chapitre 3 : La Contribution de Berthe Morisot à l'Impressionnisme

Chapitre 4 : La Vie Personnelle de Berthe Morisot

Chapitre 5 : L'héritage de Berthe Morisot

Chapitre 6 : Reconnaissance Tardive et Héritage Contemporain

CONCLUSION

ANNEXE : Chronologie de la vie de Berthe Morisot et son oeuvre

# INTRODUCTION

Dans l'effervescente toile de l'époque du XIXe siècle, où l'art était en mutation, émergeait une figure audacieuse qui allait sculpter de manière indélébile le paysage artistique. Berthe Morisot, une pionnière impressionniste, se tenait à la croisée des chemins, bravant les conventions sociales et artistiques de son temps pour laisser sa marque unique sur la toile du mouvement impressionniste. À une époque où les femmes étaient souvent reléguées aux marges de la scène artistique, Morisot a défié les normes établies, s'élevant au-delà des préjugés de genre pour devenir une force motrice au sein de ce mouvement novateur.

Cette exploration captivante plongera dans les tréfonds de la vie et de l'œuvre de Berthe Morisot, dévoilant les nuances de sa jeunesse, son immersion dans le monde artistique et sa contribution incommensurable à l'impressionnisme. Les toiles de Morisot, imprégnées d'une palette lumineuse et d'une vision unique, sont le reflet d'une artiste qui a transcendé les limites de son époque.

À travers ces pages, nous dévoilerons les coulisses de la vie personnelle de Morisot, son mariage avec Eugène Manet, et comment ces expériences ont tissé la trame de son expression artistique. Nous explorerons également son rôle significatif au sein du mouvement impressionniste, sa participation aux expositions marquantes et sa capacité à capturer l'éphémère avec une maîtrise exceptionnelle.

L'héritage de Berthe Morisot résonne au-delà de son époque, sa reconnaissance tardive et son impact continu sur l'art contemporain étant une preuve de la puissance de son héritage. Rejoignez-nous dans ce voyage fascinant à travers le temps, alors que nous plongeons dans la vie palpitante et l'œuvre révolutionnaire de Berthe Morisot, la pionnière impressionniste qui a redéfini l'essence même de l'art au XIXe siècle.

# Chapitre 1 : Jeunesse et Formation

Berthe Morisot émergea dans le monde avec une curiosité insatiable et un regard aiguisé, prélude à une vie vouée à la créativité. Née le 14 janvier 1841, au sein d'une famille bourgeoise à Bourges, en France, elle était destinée à bousculer les frontières de l'art conventionnel. La jeune Berthe grandit dans un environnement propice à l'épanouissement intellectuel, encouragée par des parents qui reconnaissaient et soutenaient son potentiel artistique.

Dès son plus jeune âge, Morisot révéla un intérêt précoce pour le dessin et la peinture, captivée par les jeux de lumière et les nuances du monde qui l'entourait. Son éducation artistique prit un tournant décisif lorsqu'elle entra dans l'atelier du peintre Joseph Guichard. Cette immersion dans le monde de l'art formel, bien que précoce, dévoila son prodigieux talent et la guida vers une maîtrise technique qui deviendrait sa signature.

Son véritable pas en avant dans le monde artistique survint lorsqu'elle rencontra le peintre Édouard Manet, frère d'Eugène Manet, son futur mari. L'influence de Manet sur la jeune Berthe fut profonde et révolutionnaire, ouvrant les portes d'un univers artistique non conventionnel et provocateur. C'est à travers cette rencontre que Morisot plongea dans le mouvement impressionniste naissant, se liant à des artistes tels que Monet, Renoir, et Degas.

Son entrée dans le monde artistique fut également marquée par sa fréquentation assidue des galeries et des salons artistiques parisiens. En dépit des restrictions imposées aux femmes à cette époque, Morisot affirma sa place dans cet univers dominé par les hommes, éveillant la curiosité et l'admiration de ses pairs masculins par la qualité novatrice de son travail.

Ainsi, le chapitre inaugural de notre exploration révèle les prémices de la vie artistique de Berthe Morisot, une jeunesse bercée par la créativité, le mentorat de figures influentes, et le désir irrépressible de s'immerger dans un monde artistique en pleine effervescence. Les fondations de son parcours artistique singulier étaient posées, et le tableau de sa vie artistique promettait déjà d'être vibrant et exceptionnel.

# Chapitre 2 : Impressionnisme : Contexte et Caractéristiques

L'épanouissement du talent de Berthe Morisot coïncida avec une époque où l'art subissait une transformation révolutionnaire, incarnée par le mouvement impressionniste. Pour appréhender pleinement la contribution de Morisot à ce courant artistique, il est essentiel de plonger dans les racines mêmes de l'impressionnisme.

L'impressionnisme émergea au cours de la seconde moitié du XIXe siècle en réaction aux conventions artistiques rigides de l'époque. Loin de l'académisme traditionnel qui dictait les normes esthétiques, les artistes impressionnistes aspiraient à capturer l'instant éphémère, les jeux de lumière et la spontanéité de la vie quotidienne. Ce mouvement était une rébellion artistique, une rupture avec les techniques picturales établies, visant à transmettre l'impression immédiate d'un sujet plutôt que sa représentation réaliste.

L'origine de l'impressionnisme peut être tracée jusqu'à la première exposition impressionniste de 1874 à Paris, où Berthe Morisot figura parmi les exposants. Cette exposition marqua un tournant radical dans l'histoire de l'art, dévoilant des œuvres qui rompaient avec les conventions de l'époque. Les critiques de l'époque furent souvent perplexes, voire hostiles, face à ces tableaux aux coups de pinceau audacieux et à la palette lumineuse.

Les caractéristiques distinctives de l'impressionnisme résident dans l'utilisation novatrice de la couleur, la capture de la lumière changeante, l'importance accordée à la spontanéité et à la sensation plutôt qu'à la précision réaliste. Les artistes impressionnistes se sont souvent tournés vers la peinture en plein air pour capturer la luminosité naturelle, et leur technique s'est caractérisée par des coups de pinceau visibles et une composition souvent non conventionnelle.

Berthe Morisot, immergée dans ce mouvement novateur, s'appropria ces caractéristiques de manière magistrale. Ses toiles révèlent une maîtrise subtile de la lumière, une palette riche et une capacité à traduire l'effervescence de la vie quotidienne. À travers ses œuvres, Morisot contribua à définir l'esthétique de l'impressionnisme et à placer son empreinte distinctive sur ce mouvement artistique en pleine effervescence.

Ainsi, ce chapitre nous transporte dans l'atmosphère bouillonnante de l'impressionnisme, dévoilant les racines révolutionnaires de ce mouvement qui allait façonner l'œuvre de Berthe Morisot et influencer durablement le paysage artistique du XIXe siècle.

# Chapitre 3 : La Contribution de Berthe Morisot à l'Impressionnisme

Le pinceau vibrant de Berthe Morisot, imprégné d'une sensibilité unique, s'inscrit dans les contours audacieux de l'impressionnisme naissant. Ce chapitre se penche sur la contribution incommensurable de Morisot à ce mouvement artistique révolutionnaire, dévoilant les nuances de son style distinctif et son rôle pivot au sein des expositions impressionnistes.

Le style artistique de Morisot, tout en capturant l'essence de l'impressionnisme, se démarque par une élégance subtile et une finesse exceptionnelle. Ses toiles, souvent empreintes d'une palette lumineuse, dépeignent des scènes de la vie quotidienne avec une délicatesse particulière. Morisot évite la rigidité des contours au profit de la suggestion, créant ainsi des œuvres qui respirent la spontanéité et la vie.

L'une des caractéristiques notables de son style réside dans sa capacité à rendre la lumière de manière subtile et évocatrice. Les jeux de lumière et d'ombre sur ses toiles révèlent une compréhension profonde de la nature changeante de la lumière, une caractéristique qui a contribué à définir l'esthétique impressionniste.

Sa participation active aux expositions impressionnistes, à commencer par la première en 1874, témoigne de son engagement profond envers ce mouvement. En exposant régulièrement avec des artistes tels que Monet, Renoir et Degas, Morisot a contribué à forger l'identité de l'impressionnisme et à légitimer sa place au sein du monde artistique. Son statut en tant que femme n'a pas entravé sa reconnaissance par ses pairs, et ses œuvres ont été saluées pour leur originalité et leur contribution à l'évolution de l'art.

À travers ce chapitre, nous nous plongeons dans le foisonnement créatif de Berthe Morisot, explorant son style artistique distinctif et son impact indéniable au sein des expositions impressionnistes. La toile impressionniste ne serait pas complète sans la contribution éclatante de Morisot, une femme qui, à travers sa vision artistique, a laissé une empreinte indélébile sur l'histoire de l'art.

# Chapitre 4 : La Vie Personnelle de Berthe Morisot

Derrière la palette vibrante de Berthe Morisot se dévoile une vie personnelle fascinante, tissée de relations complexes et de moments intimes. Ce chapitre explore le mariage de Morisot avec Eugène Manet et examine comment sa vie personnelle a influencé de manière profonde et subtile son œuvre artistique.

Le lien entre Berthe Morisot et Eugène Manet, frère du célèbre Édouard Manet, fut bien plus qu'une simple union conjugale. Leur mariage en 1874 n'était pas seulement l'entrelacement de deux destinées, mais aussi la fusion de deux mondes artistiques. Eugène, un homme de lettres et amateur d'art, partageait la passion de Morisot pour la créativité et la quête artistique. Ce mariage a joué un rôle crucial dans l'évolution de Morisot en tant qu'artiste, marquant le début d'une collaboration artistique et d'un soutien mutuel qui allait façonner leur parcours.

L'impact de la vie personnelle de Morisot sur son œuvre artistique se manifeste dans la représentation subtile de scènes intimes et familiales. Ses portraits de sa fille, Julie Manet, témoignent d'une tendresse maternelle profonde, capturant l'essence de la vie quotidienne au sein de la famille. Morisot a su transposer les dynamiques familiales et les moments d'intimité dans ses toiles, offrant ainsi un regard unique sur son monde personnel.

Cependant, la vie personnelle de Morisot n'était pas dépourvue de défis. Les pressions sociales et les attentes liées à son statut de femme artiste étaient omniprésentes. Malgré cela, elle a réussi à naviguer avec grâce à travers ces contraintes, laissant son génie artistique transcender les barrières imposées par la société de l'époque.

Ainsi, ce chapitre nous plonge dans la vie personnelle complexe de Berthe Morisot, révélant les dynamiques de son mariage avec Eugène Manet et explorant la façon dont ces relations ont influencé la substance même de son œuvre artistique. La fusion de sa vie personnelle et de son expression artistique offre une perspective intrigante sur la femme derrière les pinceaux, soulignant que l'art de Morisot n'était pas simplement une exploration esthétique, mais aussi le reflet profond de son monde intérieur.

# Chapitre 5 : L'héritage de Berthe Morisot

Au-delà des toiles qui ont captivé le regard du XIXe siècle, l'héritage de Berthe Morisot résonne dans les couloirs de l'histoire de l'art, marquant une empreinte indélébile sur ses contemporains et inspirant les générations futures d'artistes féminines. Ce chapitre explore l'influence de Morisot sur ses pairs et son impact révolutionnaire sur le statut des femmes dans le monde artistique.

Morisot, en tant que figure centrale de l'impressionnisme, a exercé une influence significative sur ses contemporains. Son approche novatrice de la peinture, son utilisation magistrale de la lumière et sa capacité à capturer l'essence de la vie quotidienne ont captivé d'autres artistes de l'époque. Des figures telles que Monet, Renoir et Degas ont reconnu la contribution exceptionnelle de Morisot au mouvement impressionniste, établissant ainsi sa place éminente au sein de ce cercle artistique révolutionnaire.

L'héritage de Morisot s'étend au-delà de son impact immédiat, touchant les générations futures d'artistes féminines qui ont trouvé en elle une source d'inspiration et de courage. Les barrières de genre qui limitaient souvent l'accès des femmes au monde artistique ont été ébranlées par le chemin tracé par Morisot. Son dévouement à l'art et son succès ont servi de modèle pour celles qui aspiraient à suivre une voie similaire.

Les répercussions de l'héritage de Morisot se manifestent également dans les mouvements féministes ultérieurs qui ont cherché à rétablir l'équilibre dans la représentation des femmes dans l'art. Le chemin qu'elle a ouvert a contribué à l'évolution progressive des mentalités et des opportunités pour les artistes féminines, ouvrant la voie à une reconnaissance plus équitable et à une célébration des talents artistiques, indépendamment du genre.

Ainsi, ce chapitre explore l'héritage dynamique de Berthe Morisot, mettant en lumière son influence durable sur ses contemporains et son rôle catalyseur dans l'émancipation des générations futures d'artistes féminines. L'empreinte de Morisot transcende les frontières du temps, rappelant que son héritage ne se mesure pas seulement en toiles, mais aussi en aspirations et en réalisations qui ont transformé le paysage artistique de manière permanente.

# Chapitre 6 : Reconnaissance Tardive et Héritage Contemporain

La vie artistique de Berthe Morisot, bien que tissée de succès et d'innovations, a également connu un volet souvent méconnu : une reconnaissance posthume qui a cimenté son statut d'icône artistique. Ce chapitre explore la manière dont l'héritage de Morisot a été réévalué au fil du temps, jetant un regard sur son impact persistant dans le monde de l'art contemporain et son rôle inspirant au sein du mouvement féministe.

La reconnaissance de Berthe Morisot a connu une ascension tardive, ses contributions exceptionnelles à l'impressionnisme n'étant pleinement appréciées qu'après sa mort en 1895. L'histoire de l'art a progressivement réévalué son héritage, lui rendant justice en tant que pionnière impressionniste dont l'influence dépassait les limites de son époque. Cette réévaluation a été catalysée par une redécouverte des archives et des œuvres jusqu'alors négligées, soulignant la richesse de son apport à l'histoire de l'art.

Son impact continu sur l'art contemporain se manifeste dans la perpétuation de son influence à travers les générations d'artistes. Des peintres contemporains ont trouvé dans le travail de Morisot une source d'inspiration intemporelle, perpétuant ainsi son héritage à travers des expressions artistiques nouvelles et innovantes. La modernité de son approche, sa palette lumineuse et son engagement envers la vérité artistique ont inspiré un renouveau d'intérêt pour son œuvre au sein de la scène artistique contemporaine.

L'héritage de Morisot s'étend également au domaine du féminisme, où son parcours exceptionnel a servi de catalyseur pour les luttes en faveur de l'égalité des sexes. Son succès en tant que femme artiste à une époque où les femmes étaient souvent marginalisées a jeté les bases pour les mouvements qui ont suivi, affirmant la légitimité des femmes dans le monde de l'art et au-delà. Morisot demeure ainsi une figure emblématique, rappelant que la reconnaissance tardive ne diminue en rien l'impact de son héritage sur la quête de l'égalité des sexes.

Ce chapitre clôture notre exploration de la vie et de l'œuvre de Berthe Morisot, en mettant en lumière la manière dont sa reconnaissance posthume a façonné son héritage contemporain, tout en soulignant son rôle crucial dans la poursuite des idéaux féministes. Son influence persistante demeure une force motrice dans le dialogue artistique et social, attestant que l'héritage de Morisot transcende les frontières du temps pour demeurer un phare éternel dans le monde de l'art et au-delà.

# CONCLUSION

À travers les pages de cette exploration captivante, nous avons suivi les traces de Berthe Morisot, une pionnière impressionniste dont la vie et l'œuvre ont sculpté une empreinte indélébile sur le paysage artistique du XIXe siècle. De sa jeunesse éveillée à Bourges à son immersion dans le tourbillon de l'impressionnisme, Morisot a défié les conventions de son époque pour devenir une force motrice du mouvement qui redéfinirait l'art.

Le récit de sa vie artistique a révélé un cheminement marqué par l'influence novatrice de l'impressionnisme, une participation active aux expositions révolutionnaires et un style distinctif qui transcende les frontières du temps. Mais l'héritage de Morisot va bien au-delà des toiles qui ont captivé son époque. C'est une histoire de reconnaissance tardive, où la postérité a accordé à cette femme artiste la place d'honneur qu'elle méritait depuis longtemps.

La vie personnelle de Morisot, avec son mariage avec Eugène Manet, a ajouté une dimension intime à son œuvre artistique, illustrant comment les dynamiques familiales peuvent être entrelacées avec la créativité. Son influence sur ses contemporains, telle une étoile brillante dans la constellation impressionniste, a été le précurseur de son impact continu sur l'art contemporain. Les artistes d'aujourd'hui puisent dans son œuvre une inspiration intemporelle, révélant la modernité de son approche artistique.

Enfin, la reconnaissance posthume de Berthe Morisot souligne l'importance de revisiter et de réévaluer le travail des artistes qui ont été injustement négligés de leur vivant. Son héritage contemporain résonne dans les luttes pour l'égalité des sexes, affirmant que la place des femmes dans l'art et la société ne peut être ignorée ni minimisée.

Ainsi se termine notre voyage à travers la vie et l'œuvre de Berthe Morisot, une femme qui a transcendé son époque pour devenir une icône immortelle de l'impressionnisme et une source d'inspiration pour les générations futures. Son histoire nous rappelle que l'art n'est pas seulement un reflet de son temps, mais peut aussi être un catalyseur de changement, capable de briser les barrières et de laisser un héritage qui perdure à travers les siècles. Berthe Morisot, première femme impressionniste, restera à jamais une muse intemporelle, éclairant notre compréhension de la créativité et de la persévérance.

# ANNEXE : Chronologie de la vie de Berthe Morisot et son oeuvre

**1841 : Naissance de Berthe Morisot** Berthe Morisot voit le jour le 14 janvier 1841 à Bourges, France, au sein d'une famille aisée.

**1857 : Débuts Artistiques** Morisot commence à recevoir des leçons de dessin et de peinture auprès du peintre Joseph Guichard à l'âge de 16 ans.

**1864 : Rencontre avec Édouard Manet** Morisot rencontre le peintre Édouard Manet, et cette rencontre marque le début d'une relation artistique et personnelle significative.

**1868 : Première Exposition Publique**
Berthe Morisot expose pour la première fois au Salon de Paris, une étape importante dans sa carrière artistique.

**1874 : Mariage avec Eugène Manet**
Berthe Morisot épouse Eugène Manet, frère du peintre Édouard Manet, renforçant ainsi ses liens avec le monde artistique.

**1874 : Participation à la Première Exposition Impressionniste** Morisot participe à la première exposition impressionniste à Paris, marquant son engagement au sein du mouvement.

**1878 : Naissance de Julie Manet** Leur fille, Julie Manet, naît, devenant par la suite un sujet fréquent dans les œuvres de Morisot.

**1886 : Exposition Personnelle** Morisot organise sa première exposition personnelle à la Galerie Durand-Ruel, démontrant sa reconnaissance croissante dans le milieu artistique.

**1895 : Décès de Berthe Morisot** Berthe Morisot s'éteint le 2 mars 1895 à Paris à l'âge de 54 ans.

**1921 : Exposition Rétrospective** Une exposition rétrospective majeure de l'œuvre de Morisot a lieu à la Galerie Bernheim-Jeune à Paris, contribuant à sa reconnaissance posthume.

**1941 : Célébration du Centenaire de sa Naissance** Le centenaire de la naissance de Berthe Morisot est célébré avec des expositions commémoratives et des publications honorant son impact artistique.

**1971 : Exposition au Musée de l'Orangerie** Une exposition importante de l'œuvre de Morisot est organisée au Musée de l'Orangerie à Paris, consolidant son statut d'artiste majeure de l'impressionnisme.

**21e siècle : Héritage Contemporain** L'œuvre de Berthe Morisot continue d'être célébrée à travers le monde, influençant de nouveaux artistes et restant au cœur des discussions sur l'égalité des genres dans le domaine artistique. Son impact perdure dans le monde de l'art contemporain.